Estas notas de sermones
pertenecen a

....

© 2023 por Barbour Español

ISBN 978-1-63609-138-9

Publicado en inglés bajo el título: *Sermon Notes Journal*, © 2019 por Barbour Publishing, Inc.

A menos que se indique lo contrario, todas las citas bíblicas están tomadas de la Santa Biblia, Reina Valera Antigua.

Desarrollo editorial: *Semantics, Inc.* semantics01@comcast.net

Publicado por Barbour Español, un sello de Barbour Publishing, Inc., 1810 Barbour Drive, Uhrichsville, Ohio 44683, www.barbourbooks.com

Nuestra misión es inspirar al mundo con el mensaje transformador de la Biblia.

 Member of the
Evangelical Christian
Publishers Association

Impreso en China.

Diario
de notas
de
sermones

BARBOUR
ESPAÑOL
Un Sello de Barbour Publishing

> Busquemos ser útiles. Busquemos ser vasijas aptas para el uso del Maestro, que Dios, el Espíritu Santo, brille plenamente a través de nosotros.
>
> D. L. Moody

Título/Tema: ....

Orador: ....

Fecha: ....

Escrituras clave: ....

Notas: ....

....

....

....

....

....

....

....

....

....

....

....

....

....

El punto principal:

> Mis amigos, una cosa es ir a la iglesia o
> capilla; otra cosa es ir a Dios.
>
> CHARLES SPURGEON

Título/Tema: ....

Orador: ....

Fecha: ....

Escrituras clave: ....

Notas: ....

....

....

....

....

....

....

....

....

....

....

....

....

....

....

El punto principal:

> Una de las mayores verdades de la Biblia es que
> Dios nos ama. Y porque Él nos ama, Él
> quiere darnos lo que es mejor para nosotros.
> BILLY GRAHAM

Título/Tema: ....

Orador: ....

Fecha: ....

Escrituras clave: ....

Notas: ....

....

....

....

....

....

....

....

....

....

....

....

....

....

El punto principal:

Alzaré mis ojos á los montes,
De donde vendrá mi socorro.
Mi socorro viene de Jehová,
Que hizo los cielos y la tierra.
SALMOS 121.1–2

Título/Tema: ....

Orador: ....

Fecha: ....

Escrituras clave: ....

Notas: ....

....

....

....

....

....

....

....

....

....

....

....

....

....

El punto principal:

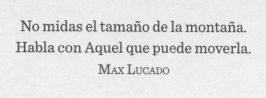

No midas el tamaño de la montaña.
Habla con Aquel que puede moverla.
MAX LUCADO

Título/Tema: ....

Orador: ....

Fecha: ....

Escrituras clave: ....

Notas:...

....

....

....

....

....

....

....

....

....

....

....

....

....

....

....

El punto principal:

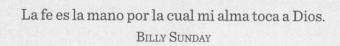

La fe es la mano por la cual mi alma toca a Dios.

BILLY SUNDAY

Título/Tema: ....

Orador: ....

Fecha: ....

Escrituras clave: ....

Notas:..

....

....

....

....

....

....

....

....

....

....

....

....

....

....

....

El punto principal:

> El amor a Dios es obediencia, el amor a Dios es santidad.
> Amar a Dios y amar al hombre es conformarse
> a la imagen de Cristo; y esto es salvación.
> CHARLES SPURGEON

Título/Tema: ....

Orador: ....

Fecha: ....

Escrituras clave: ....

Notas: ....

....

....

....

....

....

....

....

....

....

....

....

....

....

....

El punto principal:

El cielo está lleno de una compañía
de aquellos que han nacido dos veces.
D. L. MOODY

Título/Tema: ....

Orador: ....

Fecha: ....

Escrituras clave: ....

Notas:..

....

....

....

....

....

....

....

....

....

....

....

....

....

....

El punto principal:

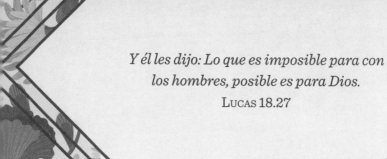

*Y él les dijo: Lo que es imposible para con
los hombres, posible es para Dios.*
Lucas 18.27

Título/Tema: ....

Orador: ....

Fecha: ....

Escrituras clave: ....

Notas: ....

....

....

....

....

....

....

....

....

....

....

....

....

....

....

El punto principal:

> La esperanza ve una corona en reserva, mansiones en preparación, y Jesús mismo preparando un lugar por nosotros, y por la visión arrebatadora que sostiene el alma bajo las penas de la hora.
>
> CHARLES SPURGEON

Título/Tema: ....

Orador: ....

Fecha: ....

Escrituras clave: ....

Notas: ....

....

....

....

....

....

....

....

....

....

....

....

....

....

....

El punto principal:

> La fe no es creer cualquier cosa; es creer en Dios.
>
> E. M. BOUNDS

Título/Tema: ....

Orador: ....

Fecha: ....

Escrituras clave: ....

Notas: ....

....

....

....

....

....

....

....

....

....

....

....

....

....

....

El punto principal:

No importa quién seas o cómo haya sido tu vida hasta ahora, el resto del viaje de tu vida puede ser diferente. Con la ayuda de Dios puedes comenzar de nuevo.

BILLY GRAHAM

Título/Tema: ....

Orador: ....

Fecha: ....

Escrituras clave: ....

Notas: ....

....

....

....

....

....

....

....

....

....

....

....

....

....

....

El punto principal:

> Si soy adoptado, me he convertido en un hijo;
> Dios ya no es mi juez, sino mi Padre.
>
> D. L. MOODY

Título/Tema: ....

Orador: ....

Fecha: ....

Escrituras clave: ....

Notas: ....

....

....

....

....

....

....

....

....

....

....

....

....

....

....

El punto principal:

Jesucristo es el mismo ayer,
y hoy, y por los siglos.
HEBREOS 13.8

Título/Tema: ....

Orador: ....

Fecha: ....

Escrituras clave: ....

Notas:..

....

....

....

....

....

....

....

....

....

....

....

....

....

....

....

El punto principal:

> Los hijos de Dios son hijos de Dios en cualquier lugar y en todas partes, y será hasta el fin. Nada puede cortar ese lazo sagrado o dividirnos de Su corazón.
>
> CHARLES SPURGEON

Título/Tema: ....

Orador: ....

Fecha: ....

Escrituras clave: ....

Notas: ....

....

....

....

....

....

....

....

....

....

....

....

....

....

....

El punto principal:

Dios tiene un plan individual para cada persona.
Si vas a Él y te sometes a Él, Él lo hará.
Entrará en tu corazón y comulgará contigo.

JOYCE MEYER

Título/Tema: ....

Orador: ....

Fecha: ....

Escrituras clave: ....

Notas: ....

....

....

....

....

....

....

....

....

....

....

....

....

....

....

El punto principal:

Dios no te dejará ir.
MAX LUCADO

Título/Tema: ....

Orador: ....

Fecha: ....

Escrituras clave: ....

Notas: ....

....

....

....

....

....

....

....

....

....

....

....

....

....

....

El punto principal:

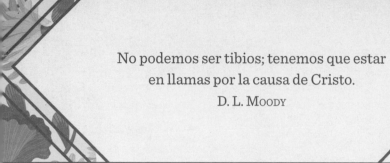

No podemos ser tibios; tenemos que estar
en llamas por la causa de Cristo.
D. L. Moody

Título/Tema: ....

Orador: ....

Fecha: ....

Escrituras clave: ....

Notas: ....

....

....

....

....

....

....

....

....

....

....

....

....

....

....

El punto principal:

Título/Tema: ....

Orador: ....

Fecha: ....

Escrituras clave: ....

Notas: ....

....

....

....

....

....

....

....

....

....

....

....

....

....

....

El punto principal:

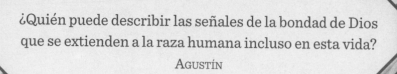

¿Quién puede describir las señales de la bondad de Dios
que se extienden a la raza humana incluso en esta vida?

AGUSTÍN

Título/Tema: ....

Orador: ....

Fecha: ....

Escrituras clave: ....

Notas: ....

....

....

....

....

....

....

....

....

....

....

....

....

....

....

El punto principal:

> Mantén tu vida tan constante en su contacto con
> Dios que Su sorprendente poder pueda estallar
> en la mano derecha y en la izquierda. Permanece
> siempre en un estado de expectativa, y deja
> espacio para que Dios llegue como Él quiera.
>
> OSWALD CHAMBERS

Título/Tema: ....

Orador: ....

Fecha: ....

Escrituras clave: ....

Notas: ....

....

....

....

....

....

....

....

....

....

....

....

....

....

....

El punto principal:

> Cuando Dios mora en el centro de nuestras vidas,
> la paz y la satisfacción nos pertenecerán tan
> seguramente como pertenecemos a Dios.
> BETH MOORE

Título/Tema: ....

Orador: ....

Fecha: ....

Escrituras clave: ....

Notas: ....

....

....

....

....

....

....

....

....

....

....

....

....

....

....

....

El punto principal:

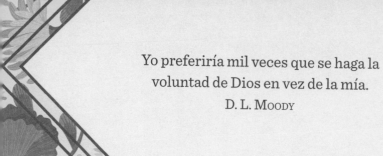

Yo preferiría mil veces que se haga la
voluntad de Dios en vez de la mía.

D. L. MOODY

Título/Tema: ....

Orador: ....

Fecha: ....

Escrituras clave: ....

Notas: ....

....

....

....

....

....

....

....

....

....

....

....

....

....

....

El punto principal:

Este es el día que hizo Jehová
Nos gozaremos y alegraremos en él.
SALMOS 118.24

Título/Tema: ....

Orador: ....

Fecha: ....

Escrituras clave: ....

Notas: ....

....

....

....

....

....

....

....

....

....

....

....

....

....

El punto principal:

Título/Tema: ....

Orador: ....

Fecha: ....

Escrituras clave: ....

Notas: ....

....

....

....

....

....

....

....

....

....

....

....

....

....

....

....

El punto principal:

> Si Dios puede hacer mil millones de galaxias, ¿no puede
> Él hacer el bien de nuestro mal y hacer sentido de nuestras
> vidas vacilantes? Por supuesto que Él puede. Él es Dios.
>
> MAX LUCADO

Título/Tema: ....

Orador: ....

Fecha: ....

Escrituras clave: ....

Notas: ....

....

....

....

....

....

....

....

....

....

....

....

....

....

....

El punto principal:

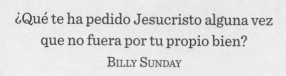

¿Qué te ha pedido Jesucristo alguna vez
que no fuera por tu propio bien?
BILLY SUNDAY

Título/Tema: ....

Orador: ....

Fecha: ....

Escrituras clave: ....

Notas: ....

....

....

....

....

....

....

....

....

....

....

....

....

....

El punto principal:

> Cuando Cristo clamó en el Calvario: "¡Consumado es!" quiso decir lo que dijo. Todo lo que los hombres tienen que hacer ahora es solo aceptar la obra de Jesucristo.
>
> D. L. MOODY

Título/Tema: ....

Orador: ....

Fecha: ....

Escrituras clave: ....

Notas: ....

....

....

....

....

....

....

....

....

....

....

....

....

....

El punto principal:

Oh Dios, haznos tornar; Y haz resplandecer
tu rostro, y seremos salvos.
SALMOS 80.3

Título/Tema: ....

Orador: ....

Fecha: ....

Escrituras clave: ....

Notas:...

....

....

....

....

....

....

....

....

....

....

....

....

....

....

El punto principal:

> La gracia no es algo que yo mejore, pero que
> me mejora, me emplea, trabaja en mí.
> CHARLES SPURGEON

Título/Tema: ....

Orador: ....

Fecha: ....

Escrituras clave: ....

Notas: ....

....

....

....

....

....

....

....

....

....

....

....

....

....

....

El punto principal:

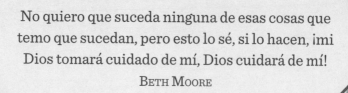

No quiero que suceda ninguna de esas cosas que temo que sucedan, pero esto lo sé, si lo hacen, ¡mi Dios tomará cuidado de mí, Dios cuidará de mí!

BETH MOORE

Título/Tema: ....

Orador: ....

Fecha: ....

Escrituras clave: ....

Notas: ....

....

....

....

....

....

....

....

....

....

....

....

....

....

....

El punto principal: ....

> Enfocarse intensamente en Cristo, naturalmente
> resulta en un estilo de vida de cada vez
> mayor y mayor desinterés propio.
>
> CHARLES SWINDOLL

Título/Tema: ....

Orador: ....

Fecha: ....

Escrituras clave: ....

Notas: ....

....

....

....

....

....

....

....

....

....

....

....

....

....

....

El punto principal:

Algunas personas piensan que a Dios no le gusta estar
preocupado con nuestro constante venir y preguntar.
La única manera de molestar a Dios
es no venir en absoluto.

D. L. Moody

Título/Tema: ....

Orador: ....

Fecha: ....

Escrituras clave: ....

Notas: ....

....

....

....

....

....

....

....

....

....

....

....

....

....

....

El punto principal:

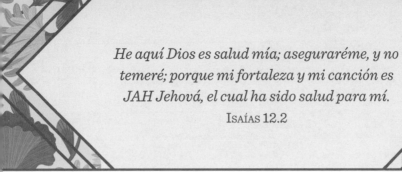

He aquí Dios es salud mía; aseguraréme, y no temeré; porque mi fortaleza y mi canción es JAH Jehová, el cual ha sido salud para mí.

Isaías 12.2

Título/Tema: ....

Orador: ....

Fecha: ....

Escrituras clave: ....

Notas: ....

....

....

....

....

....

....

....

....

....

....

....

....

....

....

El punto principal:

> Escucha esto, y sorpréndete: Él puede crearte una segunda vez; Él puede hacer que nazcas de nuevo. Esto es un milagro de gracia, pero el Espíritu Santo lo realizará.
> CHARLES SPURGEON

Título/Tema: ....

Orador: ....

Fecha: ....

Escrituras clave: ....

Notas:..

....

....

....

....

....

....

....

....

....

....

....

....

....

....

El punto principal:

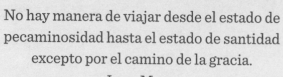

> No hay manera de viajar desde el estado de
> pecaminosidad hasta el estado de santidad
> excepto por el camino de la gracia.
>
> JOYCE MEYER

Título/Tema: ....

Orador: ....

Fecha: ....

Escrituras clave: ....

Notas: ....

....

....

....

....

....

....

....

....

....

....

....

....

....

....

....

El punto principal:

> Es un honor creer lo que los labios de Jesús enseñaron. Antes habría sido un tonto con Cristo que un hombre sabio con los filósofos.
>
> CHARLES SPURGEON

Título/Tema: ....

Orador: ....

Fecha: ....

Escrituras clave: ....

Notas: ....

....

....

....

....

....

....

....

....

....

....

....

....

....

....

....

El punto principal:

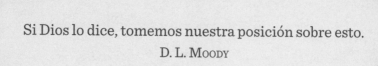

> Si Dios lo dice, tomemos nuestra posición sobre esto.
> D. L. MOODY

Título/Tema: ....

Orador: ....

Fecha: ....

Escrituras clave: ....

Notas:...

....

....

....

....

....

....

....

....

....

....

....

....

....

....

....

El punto principal:

Sabiduría, ante todo: adquiere sabiduría:
Y ante toda tu posesión adquiere inteligencia.
PROVERBIOS 4.7

Título/Tema: ....

Orador: ....

Fecha: ....

Escrituras clave: ....

Notas: ....

....

....

....

....

....

....

....

....

....

....

....

....

....

....

El punto principal:

> Nuestro Señor Jesús no murió por pecados imaginarios,
> pero la sangre de su corazón fue derramada para lavar
> manchas carmesí profundas, que nada más puede remover.
>
> CHARLES SPURGEON

Título/Tema: ....

Orador: ....

Fecha: ....

Escrituras clave: ....

Notas: ....

....

....

....

....

....

....

....

....

....

....

....

....

....

El punto principal:

> A nuestro alrededor hay personas que están perdidas
> y separadas de su Padre celestial, y nosotros
> tenemos la responsabilidad de hablarles de Él.
>
> BILLY GRAHAM

Título/Tema: ....

Orador: ....

Fecha: ....

Escrituras clave: ....

Notas: ....

....

....

....

....

....

....

....

....

....

....

....

....

....

....

El punto principal:

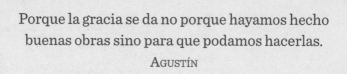

> Porque la gracia se da no porque hayamos hecho
> buenas obras sino para que podamos hacerlas.
>
> AGUSTÍN

Título/Tema: ....

Orador: ....

Fecha: ....

Escrituras clave: ....

Notas: ....

....

....

....

....

....

....

....

....

....

....

....

....

....

....

El punto principal:

> Se podría decir que todo el plan de salvación está en
> dos palabras—Dar; Recibir. Dios da; yo recibo.
> D. L. MOODY

Título/Tema: ....

Orador: ....

Fecha: ....

Escrituras clave: ....

Notas: ....

....

....

....

....

....

....

....

....

....

....

....

....

....

....

El punto principal:

*Es pues la fe la sustancia de las cosas que se esperan,
la demostración de las cosas que no se ven.*
HEBREOS 11.1

Título/Tema: ....

Orador: ....

Fecha: ....

Escrituras clave: ....

Notas: ....

....

....

....

....

....

....

....

....

....

....

....

....

....

....

El punto principal:

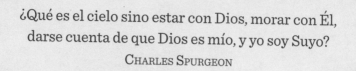

> ¿Qué es el cielo sino estar con Dios, morar con Él,
> darse cuenta de que Dios es mío, y yo soy Suyo?
> CHARLES SPURGEON

Título/Tema: ....

Orador: ....

Fecha: ....

Escrituras clave: ....

Notas: ....

....

....

....

....

....

....

....

....

....

....

....

....

....

El punto principal:

> Jesús no pudo pagar el precio por nuestro pecado escondido en la seguridad del aposento alto, y nosotros no podemos permanecer en la seguridad del santuario.
>
> CHARLES SWINDOLL

Título/Tema: ....

Orador: ....

Fecha: ....

Escrituras clave: ....

Notas: ....

....

....

....

....

....

....

....

....

....

....

....

....

....

....

....

El punto principal:

> Exhibe a Dios con tu singularidad. Al ampliar a tu
> Creador con tus fortalezas, cuando tu contribución
> enriquece la reputación de Dios, tus días
> se vuelven repentinamente dulces.
> MAX LUCADO

Título/Tema: ....

Orador: ....

Fecha: ....

Escrituras clave: ....

Notas: ....

....

....

....

....

....

....

....

....

....

....

....

....

....

....

El punto principal:

> Me parece que si echamos un vistazo a
> Cristo en su amor y belleza, este mundo y sus
> placeres nos parecerán muy pequeños.
> D. L. MOODY

Título/Tema: ....

Orador: ....

Fecha: ....

Escrituras clave: ....

Notas: ....

....

....

....

....

....

....

....

....

....

....

....

....

....

....

El punto principal:

Título/Tema: ....

Orador: ....

Fecha: ....

Escrituras clave: ....

Notas: ....

....

....

....

....

....

....

....

....

....

....

....

....

....

El punto principal: ....

> No hay lugar como el Calvario para crear confianza. El aire de esa colina sagrada trae salud a la fe temblorosa.
>
> CHARLES SPURGEON

Título/Tema: ....

Orador: ....

Fecha: ....

Escrituras clave: ....

Notas: ....

....

....

....

....

....

....

....

....

....

....

....

....

....

....

El punto principal:

> A veces nos cansamos de las cargas de la vida, pero sabemos que Jesucristo nos encontrará al final del viaje de nuestra vida, y eso hace toda la diferencia.
>
> BILLY GRAHAM

Título/Tema: ....

Orador: ....

Fecha: ....

Escrituras clave: ....

Notas: ....

....

....

....

....

....

....

....

....

....

....

....

....

....

....

El punto principal:

> No debemos confiar en cada dicho o sugerencia,
> sino con cautela y pacientemente meditar las
> cosas de acuerdo con la voluntad de Dios.
> THOMAS À KEMPIS

Título/Tema: ....

Orador: ....

Fecha: ....

Escrituras clave: ....

Notas: ....

....

....

....

....

....

....

....

....

....

....

....

....

....

....

El punto principal:

> Si hay un clamor que sale de un corazón roto a causa del pecado, Dios escuchará ese clamor.
>
> D. L. MOODY

Título/Tema: ....

Orador: ....

Fecha: ....

Escrituras clave: ....

Notas: ....

....

....

....

....

....

....

....

....

....

....

....

....

....

El punto principal:

JEHOVÁ es mi luz y mi salvación: ¿de quién temeré? Jehová es la fortaleza de mi vida: ¿de quién he de atemorizarme?
SALMOS 27.1

Título/Tema: ....

Orador: ....

Fecha: ....

Escrituras clave: ....

Notas: ....

....

....

....

....

....

....

....

....

....

....

....

....

....

....

El punto principal:

> La vida cristiana no estaba destinada a estar sentados
> en quietud, sino una carrera, un movimiento perpetuo.
> CHARLES SPURGEON

Título/Tema: ....

Orador: ....

Fecha: ....

Escrituras clave: ....

Notas: ....

....

....

....

....

....

....

....

....

....

....

....

....

....

....

El punto principal:

> Nuestras bendiciones incluyen la vida y la salud, la familia y amigos, libertad y posesiones... los regalos que recibimos de Dios se multiplican cuando los compartimos.
>
> BETH MOORE

Título/Tema: ....

Orador: ....

Fecha: ....

Escrituras clave: ....

Notas:..

....

....

....

....

....

....

....

....

....

....

....

....

....

....

El punto principal:

> Lo que se necesita hoy no es un nuevo evangelio, sino hombres y mujeres vivos que pueden reafirmar el evangelio del Hijo de Dios en términos que llegarán al mismo corazón de nuestros problemas.
>
> OSWALD CHAMBERS

Título/Tema: ....

Orador: ....

Fecha: ....

Escrituras clave: ....

Notas:...

....

....

....

....

....

....

....

....

....

....

....

....

....

....

El punto principal:

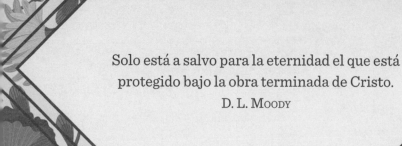

Solo está a salvo para la eternidad el que está
protegido bajo la obra terminada de Cristo.
D. L. Moody

Título/Tema: ....

Orador: ....

Fecha: ....

Escrituras clave: ....

Notas: ....

....

....

....

....

....

....

....

....

....

....

....

....

....

....

....

El punto principal:

Y la paz de Dios, que sobrepuja todo entendimiento, guardará vuestros corazones y vuestros entendimientos en Cristo Jesús.

FILIPENSES 4.7

Título/Tema: ....

Orador: ....

Fecha: ....

Escrituras clave: ....

Notas: ....

....

....

....

....

....

....

....

....

....

....

....

....

....

....

El punto principal:

¡Bendita Biblia! tú eres toda la verdad.

CHARLES SPURGEON

Título/Tema: ....

Orador: ....

Fecha: ....

Escrituras clave: ....

Notas: ....

....

....

....

....

....

....

....

....

....

....

....

....

....

....

El punto principal:

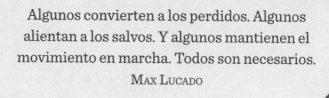

> Algunos convierten a los perdidos. Algunos
> alientan a los salvos. Y algunos mantienen el
> movimiento en marcha. Todos son necesarios.
> MAX LUCADO

Título/Tema: ....

Orador: ....

Fecha: ....

Escrituras clave: ....

Notas: ....

....

....

....

....

....

....

....

....

....

....

....

....

....

El punto principal:

> Dios no nos dio Su Palabra para satisfacer nuestra
> curiosidad, sino para cambiar nuestras vidas.
> CHARLES SWINDOLL

Título/Tema: ....

Orador: ....

Fecha: ....

Escrituras clave: ....

Notas: ....

....

....

....

....

....

....

....

....

....

....

....

....

....

....

El punto principal:

> Es un gran error estar mirando los obstáculos
> cuando tenemos un gran Dios al que mirar.
>
> D. L. Moody

Título/Tema: ....

Orador: ....

Fecha: ....

Escrituras clave: ....

Notas: ....

....

....

....

....

....

....

....

....

....

....

....

....

....

El punto principal:

Fíate de Jehová de todo tu corazón,
Y no estribes en tu prudencia.
Reconócelo en todos tus caminos,
Y él enderezará tus veredas.
PROVERBIOS 3.5–6

Título/Tema: ....

Orador: ....

Fecha: ....

Escrituras clave: ....

Notas: ....

....

....

....

....

....

....

....

....

....

....

....

....

....

....

El punto principal:

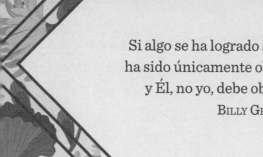

> Si algo se ha logrado a través de mi vida,
> ha sido únicamente obra de Dios, no mía,
> y Él, no yo, debe obtener el crédito.
> BILLY GRAHAM

Título/Tema: ....

Orador: ....

Fecha: ....

Escrituras clave: ....

Notas: ....

....

....

....

....

....

....

....

....

....

....

....

....

....

....

El punto principal:

> Cuando Cristo se convierte en nuestro enfoque central, la satisfacción reemplaza nuestra ansiedad, así como nuestros miedos e inseguridades.
>
> CHARLES SWINDOLL

Título/Tema: ....

Orador: ....

Fecha: ....

Escrituras clave: ....

Notas: ....

....

....

....

....

....

....

....

....

....

....

....

....

....

....

....

El punto principal:

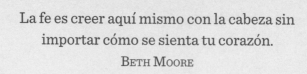

La fe es creer aquí mismo con la cabeza sin
importar cómo se sienta tu corazón.
Beth Moore

Título/Tema: ....

Orador: ....

Fecha: ....

Escrituras clave: ....

Notas:...

....

....

....

....

....

....

....

....

....

....

....

....

....

....

....

....

....

....

....

....

....

....

....

....

....

....

el punto principal: ....

....

....

....

....

....

....

....

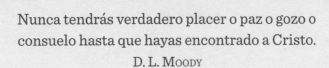

Nunca tendrás verdadero placer o paz o gozo o
consuelo hasta que hayas encontrado a Cristo.
D. L. MOODY

Título/Tema: ....

Orador: ....

Fecha: ....

Escrituras clave: ....

Notas: ....

....

....

....

....

....

....

....

....

....

....

....

....

....

El punto principal:

*Porque donde estuviere vuestro tesoro,
allí estará vuestro corazón.*
MATEO 6.21

Título/Tema: ....

Orador: ....

Fecha: ....

Escrituras clave: ....

Notas: ....

....

....

....

....

....

....

....

....

....

....

....

....

....

....

El punto principal:

> Él me conocía antes de que yo me conociera a mí mismo;
> Sí, Él me conocía antes de que yo fuera yo mismo.
>
> CHARLES SPURGEON

Título/Tema: ....

Orador: ....

Fecha: ....

Escrituras clave: ....

Notas: ....

....

....

....

....

....

....

....

....

....

....

....

....

....

....

El punto principal: